AF371157

# MAURICE DONNAY

---

# EUX!

## SAYNÈTE

PARIS

PAUL OLLENDORFF, ÉDITEUR

28 *bis*, RUE DE RICHELIEU, 28 *bis*

---

1891

Tous droits réservés.

# MAURICE DONNAY

---

# EUX !

## SAYNÈTE

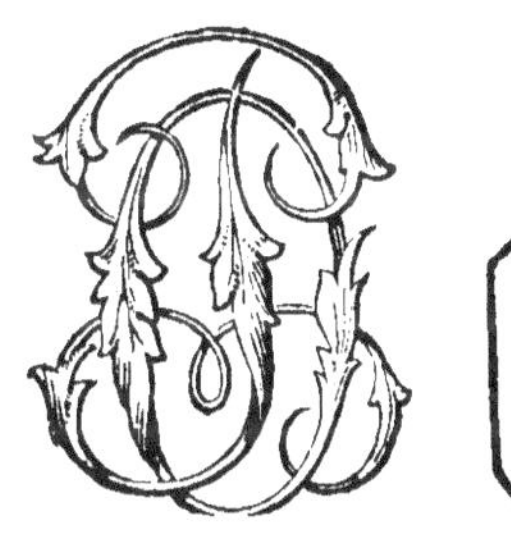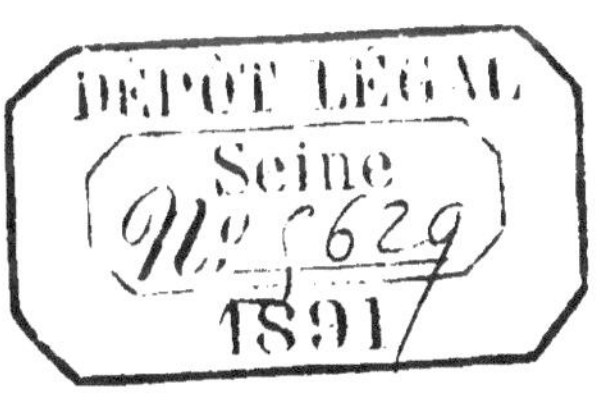


## PARIS

### PAUL OLLENDORFF, ÉDITEUR

28 *bis*, RUE DE RICHELIEU, 28 *bis*

---

1891

Tous droits réservés.

# DU MÊME AUTEUR

**Savoir attendre,** monologue.

# EUX!

---

Un salon japonais à l'Hôtel Cosmopolite. Étoffes claires richement brodées d'attributs fantastiques. Lanternes de soie où sont peints des animaux et des fleurs de rêve. Au premier plan, à droite, un canapé bas et peu long. Derrière, un massif de chrysanthèmes multicolores et échevelés. Portes à droite, à gauche et au fond.

HÉLÈNE, toilette de mariée. Bouquet. Elle entre par la porte de droite et parle à son mari, resté dans la coulisse. — Non, je vous en prie, laissez-moi seule. Je ne veux personne... pas même vous... Ce n'est qu'une migraine... et il ne me faut qu'un quart d'heure de repos, mais de repos absolu. (Geste d'au revoir. Elle s'assied sur le canapé.) Enfin! Ici, du moins, l'on peut se ressaisir. Quelle journée énervante, et qu'un mariage est une chose banale! A l'église d'abord, le supplice de la sacristie, le lunch ensuite; et, ce soir, à l'Hôtel Cosmopolite naturellement, après le dîner pour les parents, le bal pour les amis. Hélas! de tout ce bruit et de tout ce monde je ne me soucie guère, et combien je suis loin du roman rêvé! La messe de minuit discrète dans la chapelle familiale; le discours intime et réchauffant du vieux prêtre qui vous a vue toute petite; puis s'en aller au bras de son

seigneur, sans autres témoins de son bonheur que les arbres du vieux parc, tandis que le clair de lune vous accom-
pagne comme une princesse de féerie.

ACHILLE, surgissant derrière les chrysanthèmes qui le cachaient. —
Et moi aussi, madame, j'avais rêvé des noces moins ba-
nales : esprit fortement nourri de l'antiquité, j'aurais voulu
parcourir Paris ensoleillé comme une cité de l'Attique, sous
un ciel implacablement bleu ! Des éphèbes court vêtus et
long chevelés nous auraient précédés en agitant des flam-
beaux symboliques (oh! rassurez-vous, je ne suis pas un
voleur; moi aussi j'ai une jeune femme qui m'attend à
côté), et, derrière nous, une longue théorie d'hommes et de
femmes, en des vêtements couleur de lys, de rose et
d'hyacinthe, auraient crié : Hymen! Hyménée!!

HÉLÈNE, interdite. — Adieu, monsieur. (Elle se lève et se dirige
vers la porte de droite, en laissant son bouquet sur le canapé.)

ACHILLE. — Quoi, vous partez déjà? Restez donc un peu...
vous avez bien le temps. (Quand Hélène est sortie.) Hélas! les
femmes sont bien toutes les mêmes. Moi, j'ai écouté son
rêve... tout du long... avec la chapelle familiale, le vieux
prêtre et le clair de lune... je n'ai pas interrompu, moi!...
j'ai été poli, moi... j'ai attendu que ça soit fini, et lorsque
je veux lui raconter le mien, qui est incomparablement plus
antique: Adieu, monsieur! oui, adieu. (Apercevant le bouquet
oublié sur le divan.) Tiens ! elle a oublié... un pareil soir...
Quelle étourderie ! (Il va mettre le bouquet dans un vase.)

HÉLÈNE, revenant. — Pardon, monsieur, je crois que j'ai
laissé ici?...

ACHILLE, prenant le bouquet. — Le voici, madame. Ne sa-
chant pas au juste quand vous viendriez le chercher, j'ai
pris la liberté de le mettre dans l'eau.

HÉLÈNE. — Vraiment, je ne sais comment vous remercier.
Adieu, monsieur.

ACHILLE. — Croyez bien, madame, que votre départ pré-
cipité est un mauvais moyen de me remercier... Au sur-

plus, je vous comprends : j'ai dû tout à l'heure vous paraître un personnage fou?

Hélène. — Je ne dis pas cela.

Achille. — Grossier peut-être?

Hélène. — Encore moins.

Achille. — Charmant alors?

Hélène. — Non plus... Extraordinaire, voilà tout.

Achille. — Ah! je l'attendais... je l'attendais. Oui, extraordinaire! Et tenez, après ce qui s'est passé, vous êtes en droit d'exiger mon histoire.

Hélène. — Mais, monsieur, je ne crois pas du tout...

Achille. — Oh! n'y mettez pas de discrétion, c'est inutile : je vous la raconterai tout de même, PARCE QUE J'Y TIENS. (Hélène fait mine de s'en aller, il la retient.) Ah! c'est que, voyez-vous, aux dernières paroles que vous avez prononcées en entrant ici, j'ai compris que vous étiez une victime... (Elle soupire.) Vous voyez bien, vous souffrez... Racontez-moi vos peines : à dire son mal, on souffre moins; je veux vous confesser.

Hélène. — Mais, monsieur, je n'ai rien à vous raconter... Vous abusez étrangement d'un hasard... que... que je n'ai certainement pas cherché. Si j'ai pu dire devant vous certaines choses très... personnelles, c'est que je ne me savais pas écoutée, et de là à vous prendre pour confident!...

Achille. — Mais, madame, je n'étais pas venu ici pour vous écouter. J'étais là, madame, avant vous, pour fuir ma noce, qui est là, à deux pas, comme la vôtre, et qui m'assommait, comme la vôtre. Ce n'est pas la curiosité qui m'attire vers vous : c'est une sympathie très grande, très subite et un véritable intérêt. Les présentations sont inutiles entre nous : vous êtes la mariée d'à côté, je suis le marié d'à côté; vous souffrez, moi aussi, et nous nous rapprochons ce soir, comme deux blessés sur le champ de bataille. Ainsi vous épousez un homme que vous détestez...

Hélène. — Oh! que je déteste, c'est peut-être beaucoup dire... nous ne sympathiserons pas, voilà tout.

Achille. — C'est la même chose.

Hélène. — Mon mari, monsieur Desbarres...

Achille. — Comment! vous épousez Desbarres?

Hélène. — Oui, vous le connaissez?

Achille. — Moi? pas du tout; mais puisque vous me le dites, je le crois.

Hélène. — Mon mari, M. Desbarres, est un homme comme il y en a tant, hélas! de nos jours, horriblement matériel, sans un grain d'idéal; et vous jugez combien je serai malheureuse, moi qui suis une personne très romanesque et très sentimentale. Je vous avoue ces choses à vous parce que vous me comprendrez... mais je suis poétique au delà de toute mesure : c'est une maladie... je suis atteinte de poésie.

Achille. — Oui, une poésie galopante.

Hélène. — C'est cela... C'en est au point que, les matins de printemps, à la campagne, j'ouvre mes fenètres toutes grandes, pour que les oiseaux, dans les arbres, chantent avec moi et m'accompagnent.

Achille. — Joli... cela manque même à la vitrine d'un éditeur de musique : *Rêves roses et Lilas blancs*, transcription facile pour piano et chardonneret.

Hélène. — N'est-ce pas? Oh! vous êtes bon. Je suis la femme d'automne; tout ce qui est indécis, vague, irréel, m'attire et m'enchante : les demi-teintes, les crépuscules, les tons mineurs. Aussi ne soyez pas étonné de me voir si triste; j'aurais aimé un subtil poète, j'épouse un négociant grossier. Toute ma vie est brisée comme ce célèbre vase...

Achille. — Où meurt cette fameuse verveine. Ah, madame! C'est une verveine (se reprenant), c'est une vraie veine de vous avoir rencontrée. J'avais déjà deviné tout ce que vous venez de me raconter.

Hélène. — Dites tout de suite que c'est banal.

Achille. — Non, pas banal... prévu seulement. Je suis heureux de ce qui vous arrive.

Hélène. — Vous n'êtes pas charitable.

Achille. — Oui, bien heureux, madame, car je trouve en vous l'âme sœur de la mienne. Depuis longtemps je criais dans mon amère solitude : Ame, ma sœur âme, enfin vas-tu venir? Et vous voilà, vous êtes venue.

Hélène. — Et je m'en vais.

Achille. — Non... vous ne ferez pas ça.

Hélène. — Il le faut. Songez donc... ma noce qui m'attend à côté; mon mari doit être inquiet.

Achille. — Desbarres n'est pas un homme à s'inquiéter, et d'ailleurs il ne partira pas sans vous.

Hélène. — Et puis, si l'on nous voyait!...

Achille. — Eh bien! on pourrait se vanter d'avoir vu une chose peu ordinaire.

Hélène. — Croyez bien, monsieur, que cette raison ne me paraît pas suffisante.

Achille. — D'ailleurs, il n'y a pas de danger. Remarquez que dans une solennité de ce genre il y a toujours deux sortes d'invités : les invités du côté du marié qui ne connaissent pas la mariée, et les invités du côté de la mariée qui ne connaissent pas le marié; de sorte que si un invité à moi nous aperçoit il vous prendra pour ma mariée, et si c'est un invité à vous, il me prendra pour votre marié.

Hélène. — Non, ma mariée.

Achille. — Oui, mon marié. Non, au fait, je disais bien, votre marié.

Hélène. — Ah! oui, mon marié.

Achille. — C'est clair.

Hélène. — Adieu.

Achille. — Non, madame, vous ne pouvez pas partir ainsi. Vous m'avez raconté votre histoire, je vous dois la mienne.

Hélène. — Je vous en tiens quitte.

Achille. — Non, non, madame. Je ne veux pas que les gens qui me verront un jour passer dans la rue puissent dire: C'est ce monsieur, vous savez bien ce *monsieur* auquel on a raconté une histoire et qui ne l'a seulement pas rendue.

Hélène. — Soyez sans crainte... tout ceci ne sortira pas d'entre nous.

Achille. — Cette solution est inadmissible. Au surplus, ça ne sera pas long.

Hélène, fermement. — Je vous assure que c'est inutile.

Achille. — Soit, partez, je vous suis, et, puisque vous refusez de m'écouter ici, je vous dirai ce que je veux vous dire au beau milieu de votre bal. Ah! vous ne me connaissez pas.

Hélène. — Eh bien, racontez; mais faites vite.

Achille, invitant Hélène à s'asseoir. — Tel que vous me voyez, madame, je suis sorti le premier de l'École polytechnique.

Hélène, doucement ironique. — Naturellement!

Achille. — Pourquoi naturellement?

Hélène. — Sans doute... tout le monde sait que l'École polytechnique est une école d'où, chaque année. deux cents jeunes gens sortent le premier: il suffit d'avoir lu quelques romans pour cela...

Achille. — Quand je dis que j'en suis sorti le premier, je veux dire que j'en suis sorti avant les autres, longtemps même avant les autres,... m'étant fait renvoyer deux mois après que j'y étais entré. D'après ces détails que je vous donne, n'allez pas surtout me juger comme un fruit qui se vante de sa sécheresse; et, si je me suis ainsi montré réfractaire aux études abstraites et positives, ce n'est pas incapacité de ma part.

Hélène, très aimable. — Je n'en doute pas un seul instant... vous faites tout ce que vous voulez.

Achille. — Absolument; mais je suis, comme vous

l'homme des rêves et des nuages : en un mot, madame, je
suis poète.

HÉLÈNE, défaillante. — Un poète !...

ACHILLE. — Bien triste de vous avoir rencontrée trop
tard.

HÉLÈNE. — Je comprends : vous n'épousez pas la femme
rêvée.

ACHILLE. — Certes.

HÉLÈNE. — Pourtant, vous étiez le maître de votre des-
tinée, vous. Vous n'étiez pas, comme une jeune fille, empri-
sonné dans une foule de préjugés mondains et de conventions de famille. Lorsque nous donnons notre main, la
plupart du temps on nous l'a forcée cette main... mais les
hommes ! Et puis vous avez l'expérience, l'initiative même,
tandis que nous...

ACHILLE. — Hélas ! comme vous, madame, j'ai été empri-
sonné dans ces préjugés mondains et ces conventions de
famille. Sans doute, plus que vous, je pouvais distinguer
où j'allais ; mais bast... tant que l'on fait sa cour, on ne
voit pas l'imminence du danger, tout l'horrible de la situa-
tion. Et puis l'on se berce de l'espérance que le jour fatal
n'arrivera jamais ; mais tout arrive, et devant l'inéluctable
réalité qui surgit brutale et sans mystère, comme le bocage.
on reste sans voix...

HÉLÈNE, pensive. — Comme le rossignol. Oui... monsieur
le maire remplit ici-bas des fonctions gratuites, mais terri-
bles : au contraire du dentiste, c'est en arrivant devant lui
que l'on s'aperçoit combien on a mal aux dents.

ACHILLE, rêveur. — Mal de dents, mal d'amour...

HÉLÈNE. — Je vous plains, monsieur, atrocement... (se
levant), et je me sauve, parce que ma noce m'attend à côté ;
mais croyez bien qu'à présent je vous quitte avec regret.
(Elle se rassied.)

ACHILLE. — Et sans espoir ? (Il lui prend la main.)

HÉLÈNE. — Hélas ! (Petit silence.)

ACHILLE. — Je crois rêver : il me semble que vous êtes ma femme, que c'est vous que j'ai eue à mes côtés, toute la journée. Comme vous, elle était tout en blanc.

HÉLÈNE. — Je crois rêver : il me semble que vous êtes mon mari, que c'est vous que j'ai eu près de moi, toute la journée. Comme vous, il était tout en noir.

ACHILLE. — Il me semble que c'est à côté de vous que j'entends ma messe de mariage, à la Trinité ! Talazac chante le *O salutaris*, Johannès Wolf joue du violon... puis nous partons, l'orgue joue la *Marche nuptiale*.

HÉLÈNE. — De Mendelssohn... C'est absolument comme moi. Il me semble que c'est à côté de vous que j'entends ma messe de mariage. Talazac chante le *O salutaris*, Johannès Wolf joue du violon.

ACHILLE. — A quelle église ?

HÉLÈNE. — Notre-Dame-de-Lorette.

ACHILLE. — C'est bien cela... les mêmes artistes... c'est à deux pas : avec Gare de l'Est-Trocadéro, ils y étaient tout de suite...

HÉLÈNE. — C'est étrange... Après la messe, le lunch chez ma mère.

ACHILLE. — Chez ma belle-mère, le lunch après la messe. Et ce soir, ce soir, à l'Hôtel Cosmopolite.

HÉLÈNE. — Le rêve continue... le festin nuptial.

ACHILLE. — Même menu sans doute ?

(Tous deux tirent de leurs poches des menus et lisent.)

Bisque renaissance.

HÉLÈNE. — Truite saumonée.

ACHILLE. — Sauce vénitienne ?

HÉLÈNE. — Vénitienne.

ACHILLE. — Quartier de marcassin à la Nesselrode. Poulardes...

HÉLÈNE. — A la Wagram ?

ACHILLE. — Wagram. Marquise au kirsch.

HÉLÈNE. — Bombe Dame-Blanche.

Achille. — Gâteau Trois-Frères.

(Ensemble et très vite.) — Corbeilles de fruits, bonbons, petits fours !

Achille, se jetant aux pieds d'Hélène. — Oh ! je vous aime !!!
(Il lui prend les mains.)

Hélène. — Que faites-vous ?

Achille. — Je vous prends pour ma femme. Oui, je vous aime... Ah ! soyez charitable... Que votre main droite ignore ce que fait ma main gauche ! Le rêve continue : je vous retrouve ce soir ; comme elle, vous êtes tout en blanc.

Hélène. — Comme lui, vous êtes tout en noir.

Achille. — Hélas ! deux mariages se ressemblent...

Hélène. — Comme deux enterrements.

Achille. — Comme deux douches d'eau ! Ah ! si vous m'aviez épousé, comme nous aurions été heureux ! Nous nous serions envolés bien loin dans une petite maison blanche, sous les bois. Oh ! les longues promenades, les douces causeries, l'amour constant, la vie rêvée, le rêve vécu... (Il déclame.)

Viens, nous serions très bleus, très fous, très japonais !
Ce bonheur intime et doux que tu méconnais.
Enfant, tu l'apprendrais en des leçons subtiles,
Dans la troublance et la neigeur que tu distilles.
Viens ! Je t'emmènerais sans dot et sans trousseau.
O rêve ! ce serait très Jean-Jacques Rousseau !

(Elle se lève.)

Nous boirions du lait pur, nous ferions des aumônes,
Et nous serions les protecteurs des anémones.
Le soir, il est mauvais de se coucher trop tôt :
Sans détour, devant Dieu, nous jouerions au loto.
Quelquefois, avec un sourire qui taquine,
Sans que cela soit vrai, je dirais que j'ai quine...
Et ce seraient alors des contestations
Sous le regard tremblant des constellations ;
Tandis que moi, tout fier de t'avoir attrapée,
Je ferais là-dessus des vers à la Coppée,
O ma fleur de lotus, à tes genoux blotti.
Puis, après le loto, nous lirions du Loti,

> Tout près de la lampe aux clartés familiales,
> Et je mettrais mes mains dans tes mains liliales.
> Ainsi nous coulerions des jours délicieux,
> Et de notre âme pure ascendrait vers les cieux
> Un parfum de vertu pour le mouchoir des anges !

HÉLÈNE, très émue. — Ah !... C'est des vers !

ACHILLE. — Certes.

HÉLÈNE. — Français ?

ACHILLE. — Sans doute.

HÉLÈNE. — C'est si beau qu'on ne le croirait pas !

ACHILLE. — Oui... et au lieu de cela une existence incolore vous attend... Vous êtes enterrée vivante.

HÉLÈNE. — Vous ne me consolez pas.

ACHILLE. — Et quelles consolations pourrais-je vous offrir ? Condoléances superflues ! Devant les grandes douleurs, nous devons être muets comme elles, et nous ne pouvons que nous serrer la main en nous disant :

*(Achille et Hélène ensemble et se prenant les mains.)*

Pauvre amie !

Pauvre ami !

ACHILLE. — Nous nous sommes mariés trop vite.

HÉLÈNE — Et pourtant, nous n'étions pas pressés ; à présent, le mal est sans remède.

ACHILLE. — Sans remède, non. Cette rencontre à deux pas de nos noces respectives ne vous semble-t-elle pas providentielle ?

HÉLÈNE. — Elle me semble ironique. Ah ! si elle avait eu lieu vingt-quatre heures plus tôt. A quoi tient le bonheur pourtant !

ACHILLE. — Mais il ne tient qu'à nous.

HÉLÈNE. — Que voulez-vous dire ?

ACHILLE. — Partons...

HÉLÈNE. — Ensemble ?

ACHILLE. — Sans doute... C'est toujours les idées les plus simples auxquelles on songe en dernier.

Hélène. — Mais devenez-vous fou ? Vous ?... m'enlever !

Achille. — Parfaitement.

Hélène. — Le jour de mon mariage ? Ça ne se fait pas.

Achille. — Alors, quand ça se fera-t-il ?

Hélène. — Jamais... adieu !

Achille. — Non, je ne peux pas vous laisser ainsi courir au malheur, au désespoir, au suicide peut-être, et vous livrer sans défense à ce Desbarres que je ne connais pas, mais que je déteste déjà... et que vous n'aimez pas, vous.

Hélène. — Mais il m'aime... lui ! Oh non, ce serait indigne... le tromper ainsi.

Achille. — Vous ne le trompez pas : il saura parfaitement à quoi s'en tenir... Au surplus, pour qu'il n'ait pas une minute de doute, vous n'avez qu'à lui laisser un mot, un petit mot : « Je ne vous aime pas, et je pars. » C'est simple comme bonsoir.

Hélène. — Oh ! ce n'est pas si simple que cela. Tout s'y oppose : mon honneur, mon âme droite.

Achille. — Balançoires, tout cela ! En fait de bonheur, l'âme droite n'est pas le plus court chemin d'un point à un autre. Aimez-vous mieux que je tue Desbarres ?

Hélène. — Ciel !

Achille. — Aimez-vous mieux vivre toute une vie à ses côtés, avec l'image d'un autre dans la tête et dans le cœur ? (Sarcastique.) Évidemment ça se fait plus, et ça ne choquerait pas ce que vous appelez le monde.

Hélène. — Vous êtes effrayant ! ! !

Achille. — Savez-vous comment les choses se seraient passées il y a cinq mille ans ?

Hélène, perdant la tête. — Non, je ne sais pas, j'étais trop jeune...

Achille. — Eh bien ! je serais venu, moi, l'homme primitif, sans vêtements...

Hélène. — Oh ! monsieur, j'espère que pour me parler vous auriez passé au moins une peau de tigre.

Achille. — C'est possible... je n'en sais rien... Donc je serais venu près de vous, la femme primitive, j'aurais lu l'amour dans vos yeux prometteurs, et je vous aurais emmenée.

Hélène. — Mais vous n'êtes pas l'homme primitif.

Achille. — Peu importe! Que nous font en effet les civilisations, les progrès, les lois?... Nous ne devons être conduits que par notre rêve, qui, lui, est éternel, hors des temps, hors des lieux. Viens!

Hélène, avec accablement. — Je ne peux pas... ça m'est tout à fait impossible.

Achille. — Adieu donc la petite maison blanche sous les bois, les longues promenades, les douces causeries, l'éternel duo d'amour, la vie rêvée...

Hélène. — Le rêve vécu...

Achille. — Le loto...

Hélène. — Le Loti. Oui, adieu tout cela. Ah! c'est horrible... Et mon mari qui est là, à côté... Il va venir me chercher...

Achille, tragique. — Oui, le tigre est en bas qui hurle et veut sa proie.

Hélène, à mi-voix. — Nous avons l'air de jouer *Hernani*. (Accord.) **Entendez-vous?**

Achille. — Quoi donc?

Hélène. — Le cor.

Achille. — Non, c'est le dernier accord d'une valse bruyante, ou le cri lugubre de quelque tramway de nuit.

(Roulement de voiture au dehors.)

Hélène. — Écoutez... on vient.

Achille. — Non, c'est une voiture qui s'arrête à la porte... elle nous emmènera loin, loin, loin. Viens comme tu es, peu importe, je t'emporte.

Hélène. — C'est insensé!

Achille. — C'est charmant! Choisis... (Montrant la porte du fond.) Ici la vie heureuse, l'amour, l'adoration, l'idolâtrie.

(Montrant la porte de gauche.) Là, la vie bourgeoise, l'enterrement de ta poésie, de ta jeunesse, de ta beauté.

HÉLÈNE, après un long silence. — Comment vous appelez-vous ?

ACHILLE. — C'est trop juste... mon nom... le voici. (Il lui tend sa carte.)

HÉLÈNE, lisant la carte avec peine. — Ἀχιλλεύς ???

ACHILLE. — Ἀχιλλεύς... oui, élève de Leconte de Lisle; Ἀχιλλεύς en grec, en français Achille. Comment vous appelez-vous ?

HÉLÈNE. — Hélène.

ACHILLE, rayonnant. — O joie ! l'enlèvement d'Hélène par Achille : c'est parisien, c'est grec, c'est antique, c'est moderne. Partons... ils viennent... Ton mari... Ma femme.

HÉLÈNE. — Mais qu'est-ce qu'ils vont faire, eux ?

ACHILLE. — Eux, ils en feront autant !

(Ils sortent par la porte du fond : au même moment, leurs deux noces apparaissent, l'une à la porte de droite, l'autre à la porte de gauche et poussent un cri prolongé.)

LES DEUX NOCES, les bras au ciel. — Aaaaah !

Paris. — Typ. Chamerot et Renouard, rue des Saints-Pères. 19. — 27653.